CW01052741

Auto-édition : Préserve ton cœur, 28 rue Jean Jaurès, 94500 Champigny sur Marne

Remerciements

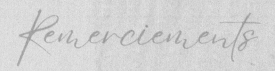

Je tiens à exprimer ma profonde gratitude envers le Saint-Esprit pour m'avoir permis d'écrire ce livre.

Je souhaite également exprimer ma chaleureuse reconnaissance envers mon mari pour son soutien inestimable tout au long de ce processus.

Mes remerciements s'adressent également à nos parents, qu'ils soient biologiques ou spirituels, ainsi qu'à l'apôtre Yvan Castanou et à sa femme Pasteur Mode Castanou.

Je remercie du fond du cœur tous mes proches.

Sommaire

C'est parti pour les 3 P!

Introduction

J'ai écrit ce livre parce que Dieu a placé un fardeau profond dans mon cœur, celui d'aider chaque personne à établir une relation personnelle avec Dieu et à trouver la personne que Dieu a prévue pour elle ou lui en vue du mariage.

Quand je suis entrée dans la période préparatoire au mariage, j'ai médité et recherché des paroles pour m'accompagner dans ce cheminement.

À chaque étape, le Saint-Esprit m'a guidée avec précision.

Au début de l'année 2021, durant mes moments de prière, le Saint-Esprit m'a poussée à faire des proclamations puissantes basées sur la parole de Dieu.
Le concept était simple : une proclamation et un verset.
Chaque matin avant le lever du jour, avec foi et détermination, je proclamais ces paroles.

Un mois et demi plus tard, Dieu a répondu à ma prière, et j'ai rencontré mon mari. Les paroles que j'avais proclamées en début d'année se sont accomplies, car neuf mois plus tard, nous nous sommes mariés.

J'ai une excellente nouvelle à partager avec toi : j'ai conservé ces paroles et proclamations, et aujourd'hui, à travers ce livre, je vais te les transmettre.

Le secret des 3P

Je vais te partager le secret des 3 P : la parole, la prière, et la proclamation.

Le concept est simple : tu trouveras dans ce livre une proclamation ainsi qu'un verset adaptés à chaque étape du processus vers le mariage.

Je t'encourage à lire ce livre et à méditer sur chaque parole de Dieu. Lorsque le Saint-Esprit te mettra à cœur pendant tes moments de prière, tu pourras utiliser ce livre pour proclamer les phrases en accord avec la parole de Dieu.

Pourquoi les 3P ?

La parole de Dieu, c'est Dieu lui-même. Tout a été créé par Sa parole, et elle peut transformer ta manière de penser et faire naître des réalités. Plus tu médites sur la parole, plus elle impacte ta vie.

La prière, le Seigneur nous a enseigné de prier sans cesse et de persévérer dans la prière jusqu'à ce qu'Il nous exauce.

La proclamation permet que ce que tu déclares à voix haute arrive à la réalité n'est-il pas écrit : "Il dit que la chose arrive, Il ordonne, elle existe." Psaumes 33:9.

Avec ces trois éléments, je crois fermement que le Seigneur t'exaucera en Son temps, au nom de Jésus ! Tu as peut-être attendu la bénédiction du mariage pendant une période prolongée, et il se peut que tu aies ressenti du découragement, ou que l'idée de te marier ne t'attirait pas.

Ce livre va modifier ta façon de penser et raviver ta foi ! Place ta confiance en Dieu, car ton moment d'exaucement arrive !

Le secret des 3P

Fonctionnement :

Je vais te donner un exemple concernant le fonctionnement de ce livre.

Tu sélectionnes le sujet numéro deux de la partie travail personnel.

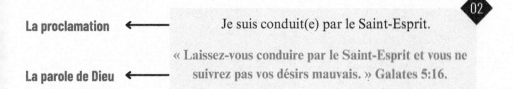

La proclamation ←——— Je suis conduit(e) par le Saint-Esprit.

La parole de Dieu ←——— « Laissez-vous conduire par le Saint-Esprit et vous ne suivrez pas vos désirs mauvais. » Galates 5:16.

02

La première phrase est la proclamation et la deuxième phrase est la parole de Dieu qui l'accompagne.

Durant ton moment de prière, tu prends le livre et tu répètes à voix haute :

"Je suis conduit(e) par le Saint-Esprit !" car Tu as dit dans Ta parole : "Laissez-vous conduire par le Saint-Esprit et vous ne suivrez pas vos désirs mauvais." Alors, je proclame que je suis conduit(e) par le Saint-Esprit au nom de Jésus !

Ensuite, tu passes au sujet suivant.

Je t'invite à prier avec ferveur, assurance et foi que ce que tu proclames va se réaliser !

Le secret des 3P

Informations :

1- Ce livre est également un livre de méditation personnelle et d'introspection, car au fur et à mesure que tu vas lire ce livre, Dieu, à travers le Saint-Esprit, va te parler également, et à chaque étape, Il te donnera des paroles propres à ta situation. J'ai laissé une section "mes notes" pour que tu puisses noter tes propres versets et les associer à une proclamation. À toi de jouer !

2- Je tenais à préciser que la liste des proclamations n'est pas exhaustive et que les sujets ne sont pas présentés par ordre de priorité car ils sont tous importants.

3- Il est important de prier pour chaque étape, même si tu n'es pas encore fiancé(e). Tu peux prier dans la section des fiançailles pour appeler ces choses à l'existence et anticiper.

4- Je te demande avec amour de ne pas prendre de photos des pages du livre et de ne pas les partager. Merci de respecter mon travail.

Travail personnel

"Je veux devenir la meilleure version de moi-même !"

Travail personnel

01

J'aime Dieu en premier et à jamais de tout mon cœur, toutes mes pensées, toutes mes forces, toute mon âme en esprit et en vérité.

« Tu aimeras le Seigneur ton Dieu, de tout ton cœur, de toute ton âme, de toute ta pensée, de toutes tes forces. » Marc 12:3.

02

Je suis conduit(e) par le Saint-Esprit.

« Laissez-vous conduire par le Saint-Esprit et vous ne suivrez pas vos désirs mauvais. » Galates 5:16.

03

Je suis guéri(e) et restauré(e).

« Il guérit mon cœur brisé et il panse mes blessures. » Psaumes 147:3.

04

J'écris la vision du mariage et je fais une liste de critères inspirés par le Saint-Esprit.

« Le Seigneur me répondit : Écris la vision, grave-la sur les tablettes, afin qu'on puisse la lire couramment. » Habacuc 2:2.

Notes

Travail personnel

05 Je quitte ma famille matériellement, émotionnellement et physiquement.

« C'est pourquoi l'homme quittera son père et sa mère et s'attachera à sa femme, et ils deviendront une seule chair. » Genèse 2:24.

06

Je demande à Dieu d'entrer dans la saison du mariage.

« Mais je t'adresse ma prière, ô Éternel ! Que ce soit le temps favorable, ô Dieu, par ta grande bonté ! Réponds-moi, en m'assurant ton secours ! Et ne cache pas ta face à ton serviteur ! Puisque je suis dans la détresse, hâte-toi de m'exaucer ! » Psaumes 69:14, 18.

07 Je garde mon cœur.

« Garde ton cœur plus que toute autre chose, car de lui viennent les sources de la vie. » Proverbes 4:23.

Notes

Travail personnel

08 J'ai la maîtrise de soi et la maîtrise de mon corps.

« Je traite durement mon corps et je le maîtrise sévèrement, afin de ne pas être moi-même disqualifié après avoir proclamé la bonne nouvelle aux autres. » 1 Corinthiens 9:27.

09 Je me préserve jusqu'au mariage.

« Ce que Dieu veut, c'est votre sanctification ; c'est que vous vous absteniez de l'impudicité ; c'est que chacun de vous sache posséder son corps dans la sainteté et l'honnêteté, sans vous livrer à une convoitise passionnée, comme font les païens qui ne connaissent pas Dieu ; » 1 Thessaloniciens 4:3-5.

10 Je donne et je reçois de l'amour sans peur.

« Quand on aime, on n'a pas peur. L'amour parfait chasse la peur. En fait, on a peur quand on attend une punition. Celui qui a peur n'aime donc pas de façon parfaite. » 1 Jean 4:18.

11 Je suis ferme dans la volonté de vouloir me marier (pas de relation ambiguë).

« Deux hommes marchent-ils ensemble, sans en être convenus ? » Amos 3:3.

Notes

La femme

"Dieu dit de moi que je suis le bonheur de mon futur mari"

La femme

01

Je suis respectueuse et soumise.

« Femmes, soyez soumises à vos maris, comme vous l'êtes au Seigneur. » Éphésiens 5:22.

02

J'ai la force et la patience de laisser l'homme venir à moi et le laisser prendre les initiatives.

« Réjouissez-vous en espérance. Soyez patients dans l'affliction. Persévérez dans la prière. » Romains 12:12.

03

J'ai l'assurance que si c'est l'homme que Dieu a prévu pour moi, il fera le nécessaire pour la relation.

« Noémi lui dit : « Maintenant, ma fille, reste là jusqu'à ce que tu saches comment les choses tourneront, car cet homme ne se donnera aucun répit avant d'avoir réglé cette affaire aujourd'hui. » Ruth 3:11, 18.

Notes

La femme

04

Je garde une part de mystère.

« Une femme de valeur est une véritable trouvaille ! Sa valeur est plus grande que celle des perles. » Proverbes 31:10.

05

J'ai la maîtrise de mes émotions.

« Filles de Jérusalem, je vous en supplie, au nom des gazelles et des biches des champs, ne réveillez pas mon amour, ne la dérangez pas avant qu'elle donne son accord. » Cantiques 2:7.

06

Je suis rassurée que si c'est l'homme que Dieu a prévu pour moi, mon futur mari va m'aimer et je serai la seule et l'unique dans son cœur.

« Le roi aima Esther plus que toutes les autres femmes. Elle gagna sa faveur et sa tendresse plus que toutes les autres vierges. Il posa la couronne royale sur sa tête et la proclama reine à la place de Vasti. » Esther 2:17.

Notes

Lhomme

"Dieu dit de moi que je suis la tête de mon futur foyer"

l'homme

01

J'ai le courage de faire le premier pas vers la femme.

« Ce n'est pas un esprit de timidité que Dieu nous a donné, mais un esprit de force, d'amour et de sagesse. »
2 Timothée 1:7.

02

Je prends les initiatives et j'indique clairement les directives de la relation.

« Et l'homme dit : « Voici, cette fois-ci, celle-ci est l'os de mes os, la chair de ma chair. On l'appellera femme, car elle a été prise de l'homme. » Genèse 2:23.

03

Je suis aimant, rassurant, présent, persévérant et protecteur.

« Maris, aimez votre femme comme le Christ a aimé l'Église. Il a donné sa vie pour elle, afin qu'elle soit sainte : il l'a rendue pure par l'eau et par la Parole. Il a voulu que l'Église se présente devant lui pleine de gloire, sans tache, sans ride, sans aucun défaut. Il a voulu qu'elle soit sainte et sans reproche. À son tour, un mari doit aimer sa femme comme il aime son corps. Aimer sa femme, c'est s'aimer soi-même. Non, personne n'a jamais détesté son corps. Au contraire, on le nourrit, on en prend soin, comme le Christ le fait pour son Église. » Éphésiens 5:25-29.

Notes

l'homme

04

Au temps marqué, je valorise, je donne des compliments et je fais en sorte que ma future femme se sente exclusive.

« Il peut y avoir 60 reines, 80 concubines et des jeunes filles en quantité incalculable, mais ma colombe, ma parfaite, est unique... » Cantique 6:8-9.

05

Je reçois la capacité d'être la tête du futur foyer.

« Car le mari est la tête de sa femme, comme le Christ est la tête de l'Église. Le Christ est en effet le sauveur de l'Église qui est son corps. » Éphésiens 5:23.

06

Je suis doux et bienveillant envers ma future femme.

«Maris, aimez vos femmes, et ne vous aigrissez pas contre elles. » Colossiens 3:19.

Notes

La relation

1- La rencontre

Je rencontre mon partenaire de destinée

« Il pria ainsi : « Seigneur, Dieu de mon maître Abraham, accorde-moi de faire une heureuse rencontre aujourd'hui. Manifeste ainsi ta bonté pour mon maître Abraham. » Genèse 24:12.

Ça y est, j'ai rencontré quelqu'un de bien !

Notes

2-le cheminement

Je lâche prise et je fais confiance à Dieu.

« Recommande ton sort à l'Eternel, Mets en lui ta confiance, et il agira. » Psaume 37:5

Et l'homme dit :"Et si on cheminait vers le mariage ?"

Notes

01

Le Seigneur Jésus est l'Alpha et l'Oméga.

« Le Seigneur Dieu dit : « Je suis l'Alpha et l'Oméga, le premier et le dernier, je suis celui qui est, qui était et qui vient, je suis le Tout-Puissant. » Apocalypse 1:8.

02

Le Saint-Esprit bâtit la relation sur le roc.

« La pluie est tombée, les torrents sont venus, les vents ont soufflé et se sont jetés contre cette maison : elle n'est point tombée, parce qu'elle était fondée sur le roc. » Matthieu 7:25.

03

Dieu nous révèle mutuellement les choses cachées l'un sur l'autre.

« Invoque-moi, je te répondrai et je te révélerai de grandes choses, des choses que tu ne connais pas. » Jérémie 33:3.

2- Le cheminement

Notes

04

Nous avons les yeux ouverts et la conviction dans nos cœurs qu'on est fait l'un pour l'autre conformément à Ta volonté.

« **Mais vous, vous êtes heureux : vos yeux voient et vos oreilles entendent.** » **Matthieu 13:16.**

05

Nous enlevons tout doute en nous une fois qu'on a fait notre choix conformément à Ta volonté.

« **Il ne douta point, par incrédulité, au sujet de la promesse de Dieu ; mais il fut fortifié par la foi, donnant gloire à Dieu.** » **Romains 4:20.**

06

Nous avançons dans la relation au même rythme (un rythme naturel et sans forcer avec de la réciprocité et sans calcul).

« **Rendez ma joie parfaite, ayant un même sentiment, un même amour, une même âme, une même pensée.** » **Philippiens 2:2.**

07

Au temps marqué, nous passons à l'étape de la présentation aux familles et des fiançailles.

« **Et le serviteur tira des bagues d'argent et d'or, et des habits, et les donna à Rébecca. Il donna aussi des présents exquis à son frère et à sa mère.** » **Genèse 24:53.**

Notes

3- Les fiançailles

La volonté de Dieu soit faite durant cette saison de fiançailles.

«Voici dans quelles circonstances Jésus-Christ vint au monde : Marie, sa mère, était liée par fiançailles à Joseph ; or elle se trouva enceinte par l'action du Saint-Esprit, avant qu'ils aient vécu ensemble.»
Matthieu 1:18

et si on se fiançait ?

Notes

La relation

01 Le Seigneur Jésus soit toujours au milieu de la relation.

« Il est avant toutes choses et toutes choses subsistent en Lui. » Colossiens 1:17

Nous prions régulièrement jusqu'à l'exaucement du mariage. **02**

« Je vous dis encore que, si deux d'entre vous s'accordent sur la terre pour demander une chose quelconque, elle leur sera accordée par mon Père qui est dans les cieux. » Matthieu 18:19.

03 Nous sommes accompagnés par les personnes que Tu as prévu et nous appliquons leur conseil.

« La voie de l'insensé est droite à ses yeux, mais celui qui écoute les conseils est sage. » Proverbes 12:15.

Nous avons des connaissances solides sur le mariage et nous les mettons en pratique. **04**

« Acquiers la sagesse, acquiers l'intelligence ; n'oublie pas les paroles de ma bouche et ne t'en détourne pas. » Proverbes 4:5.

3- Les fiançailles

Notes

La relation

05

Nous avons une force toute-puissante du Seigneur Jésus pour aller jusqu'au bout sans douter et sans découragement.

« Enfin, puisez votre force dans l'union avec le Seigneur, dans son immense puissance. »
Éphésiens 6:10.

06

La route vers le mariage est simple, droite, sans embûche et sans obstacle.

« Seigneur, tu es juste, guide-moi, à cause de ceux qui me surveillent en cachette. Enlève les obstacles sur le chemin que tu m'indiques. » Psaumes 5:9.

07

Nous nous éloignons de toute forme de tentation.

« C'est pourquoi, saisissez maintenant toutes les armes de Dieu ! Ainsi, quand viendra le jour mauvais, vous pourrez résister à l'adversaire et, après avoir combattu jusqu'à la fin, vous tiendrez encore fermement votre position. » Éphésiens 6:13.

08

La famille, les pasteurs, les amis, les tuteurs et tous les proches acceptent et bénissent la relation.

« Le cœur du roi est un courant d'eau dans la main de l'Éternel ; il l'incline partout où il veut. »
Proverbes 21:1.

Notes

09

Nous brisons les liens toxiques entre nous et nos familles s'il y en a.

« Je vous le dis, c'est la vérité : tout ce que vous refuserez sur la terre, on le refusera dans le ciel. Tout ce que vous accueillerez sur la terre, on l'accueillera dans le ciel. » Matthieu 18:18.

10

Nous trouvons un lieu pour notre lune de miel et que ce moment soit rempli de joie, d'amour et de découverte.

« Je t'instruirai et te montrerai la voie que tu dois suivre ; je te conseillerai, j'aurai le regard sur toi. » Psaumes 32:8.

11

L'acceptation par nos chefs de nos congés pour l'organisation de la célébration du mariage et de la lune de miel.

« Dieu permet que le chef du personnel accepte la demande de Daniel avec bonté et compréhension. » Daniel 1:9.

Notes

4- La célébration du mariage

Seigneur Jésus prend le contrôle de tous les préparatifs du mariage.

«Le troisième jour, il y a un mariage dans le village de Cana, en Galilée. La mère de Jésus est là. On a aussi invité Jésus et ses disciples au mariage.»
Jean 2:1-2

Le jour J approche à grand pas !

Notes

01 Nous manquons de rien financièrement pour l'organisation du mariage.

« Psaume de David. Le Seigneur est mon berger, je ne manque de rien. »
Psaumes 23:1.

4- La célébration du mariage

Notes

02

Nous faisons les 3 étapes du mariage : présentation aux familles, mariage civil et mariage religieux.

« Que le mariage soit honoré de tous. »
Hébreux 13:4.

4- La célébration du mariage

Notes

03

Les anges assignés à nos destinées soient déjà sur les lieux de la cérémonie du mariage.

**« Voici, j'envoie un ange devant toi, pour te protéger en chemin, et pour te faire arriver au lieu que j'ai préparé. »
Exode 23:20.**

04

La présence de Dieu soit palpable le jour J.

**« Alors le nuage de fumée vient couvrir la tente de la rencontre, la gloire du Seigneur remplit la tente sacrée. »
Exode 40:34.**

05

Nos proches reviennent à Dieu et se font baptiser.

« Ils répondirent : Crois au Seigneur Jésus, et tu seras sauvé, toi et ta famille. » Actes 16:31.

4- La célébration du mariage

Notes

5- Le mariage

Nous remercions Dieu car Il nous a exaucés et Il nous a permis de nous marier.

« C'est le Seigneur qui a fait cela. Quelle action magnifique à nos yeux ! Tu es mon Dieu, je te dis merci. Mon Dieu, je reconnais ta grandeur ! »
Psaumes 118:23, 28.

Dieu nous a exaucés ! Nous sommes mariés !

Notes

01

L'amour Agapé est toujours
au milieu de notre mariage.

« L'amour est patient, l'amour rend service. Il n'est pas jaloux, il ne se vante pas, il ne se gonfle pas d'orgueil. L'amour ne fait rien de honteux. Il ne cherche pas son intérêt, il ne se met pas en colère, il ne se souvient pas du mal. Il ne se réjouit pas de l'injustice, mais il se réjouit de la vérité. L'amour excuse tout, il croit tout, il espère tout, il supporte tout. » 1 Corinthiens 13:4-7.

5- Le mariage

Notes

Nous jouissons d'une longue et belle vie.

« Je lui donnerai une vie longue et belle, et je lui montrerai que je suis son sauveur. » Psaumes 91:16.

02

Nous nous pardonnons mutuellement.

« Si j'aime les gens, je serai poli. Je ne veux pas seulement me plaire. Je ne me fâcherai pas rapidement. Si quelqu'un fait quelque chose de mal contre moi, je ne le garderai pas dans mes pensées. » 1 Corinthiens 13:5.

03

04

Nous avons une bonne communication.

« Sachez-le, mes frères et sœurs bien-aimés : que chacun soit prompt à écouter, lent à parler, lent à se mettre en colère. » Jacques 1:19.

Nous avons une bonne gestion des finances.

« Quel est celui d'entre vous qui veut bâtir une tour, et qui ne s'assied pas d'abord pour calculer la dépense et voir s'il a de quoi la terminer. » Luc 14:28.

05

5- Le mariage

Notes

5- Le mariage

06

Nous respectons les lois qui régissent le mariage (l'amour et la soumission).

« Femmes, soyez soumises à vos maris, comme vous l'êtes au Seigneur. Maris, aimez vos femmes tout comme le Christ a aimé l'Église jusqu'à donner sa vie pour elle. » Éphésiens 5:22, 25.

07

Nous restons mariés jusqu'à la mort ou le retour du Seigneur Jésus.

« Ainsi, ils ne sont plus deux, mais ils sont comme une seule personne. Ne séparez donc pas ce que Dieu a uni. » Matthieu 19:6.

08

Nous nous aimons toute la vie.

« Toute l'eau des océans ne suffirait pas à éteindre le feu de l'amour. Et toute l'eau des fleuves serait incapable de le noyer. Imaginons quelqu'un qui offrirait tous ses biens pour acheter l'amour : il ne manquerait pas de recueillir le mépris. » Cantique 8:7.

09

Avoir une vision commune et toujours former un.

« Les deux seront une seule chair ; ainsi ils ne sont plus deux, mais une seule chair. » Marc 10:8.

Notes

10

Nous nous respectons et nous acceptons l'autre tel qu'il est.

« Chassez loin de vous tout sentiment amer, toute irritation, toute colère, ainsi que les cris et les insultes. Abstenez-vous de toute forme de méchanceté. » Éphésiens 4:31.

11

Nous restons fidèle l'un à l'autre.

« Tous doivent respecter le mariage. Mari et femme doivent rester fidèles l'un à l'autre. Dieu jugera ceux qui ont une vie immorale et ceux qui sont adultères. » Hébreux 13:4.

5- Le mariage

Notes

12 Les relations intimes se passent très bien au-delà de nos attentes.

«Je suis à mon bien-aimé, et son désir se porte vers moi.» Cantique 7:10.

Nous enfantons des enfants biologiques et spirituels. **13**

«Je te rendrai extrêmement fécond, je ferai naître de toi des nations, et des rois sortiront de toi.» Genèse 17:6.

5- Le mariage

Notes

La relation

14

Nous jouissons d'un mariage épanoui et heureux comme "une lune de miel à vie" !

«Les montagnes peuvent bouger, les collines peuvent changer de place, mais l'amour que j'ai pour toi ne changera jamais, l'alliance que j'ai établie avec toi pour te rendre heureuse ne bougera jamais. C'est moi le Seigneur qui te dis cela, dans ma tendresse. » Ésaïe 54:10.

15

Nous accomplissons la mission que Dieu nous a donné

«Allez chez tous les peuples pour que les gens deviennent mes disciples. Baptisez-les au nom du Père, du Fils et de l'Esprit Saint.» Matthieu 28:19.

5- Le mariage

Notes

Conclusion

Je te remercie d'avoir consacré du temps à la lecture de ce livre.
Pour conclure, je t'invite à faire cette prière :

"*Seigneur Jésus,*
nous te remercions pour toutes les personnes qui ont pris le temps de lire ce
livre, méditer sur chaque parole, et les proclamer dans leurs prières.
Notre prière est que la grâce du mariage leur soit accordée en ton nom. Tu
es le créateur du ciel et de la terre, le seul capable d'ouvrir les portes du
mariage. Alors, tandis qu'ils ont pris l'habitude de te recommander chaque
étape et chaque instant de leur cheminement vers le mariage, nous te
supplions, Seigneur, de leur accorder la grâce d'entrer pleinement dans cette
saison du mariage et que leur prière soit exaucée au nom de Jésus le Christ."

Si tu ne connaissais pas le Seigneur Jésus et qu'à travers ce livre de prière,
tu souhaites le suivre, je t'invite à lire à voix haute cette prière avec moi :

"*Seigneur Jésus,*
je te remercie car à travers ce livre, j'ai découvert Ta parole et Ta personne.
J'aimerais te connaître davantage, alors viens dans ma vie, viens dans mon
cœur par ton Esprit Saint. Je te demande pardon car je ne Te connaissais
pas, mais aujourd'hui, je prends la décision de te suivre et de te reconnaître
comme mon Seigneur et Sauveur.
Je crois de tout mon cœur que tu es ressuscité des morts pour que je puisse
être sauvé. Au nom de Jésus, amen."

Ton exaucement est en chemin, alors ne te décourage pas. Continue à
proclamer selon l'orientation du Saint Esprit jusqu'à ce que ta prière soit
totalement exaucée. Je vois une abondance de mariages se concrétiser de
tous côtés au nom de Jésus !

Contacts

Si tu souhaites approfondir certains points ou me contacter, tu as la possibilité de prendre un rendez-vous. Je t'invite à visiter mon site à l'adresse **www.preservetoncoeur.com.**

Tu peux aussi me retrouver sur :

- **Instagram et Facebook** : avec des publications enrichissantes , des vidéos d'enseignements et des témoignages sous le nom "Preservetoncoeur".
- **Ma chaîne YouTube :** "Préserve ton cœur", où tu trouveras des vidéos et des témoignages.
- Pour toute correspondance, tu peux m'envoyer un e-mail à preservetoncoeur@gmail.com.

Les citations bibliques utilisées dans cet ouvrage proviennent des versions suivantes : Parole de vie, Français courant, nouvelle bible second, second 21, parole vivante, louis second 1910 et french bible Martin. Je remercie les différents sites que j'ai consultés, qui ont éclairé ma réflexion.

Notes

Notes

Notes

Notes

Impression : Amazon KDP, Luxembourg
Dâte du dépôt légal : 14/10/2023
Dâte de fin de tirage : 14/10/2023

Printed in Great Britain
by Amazon

29847259R00046